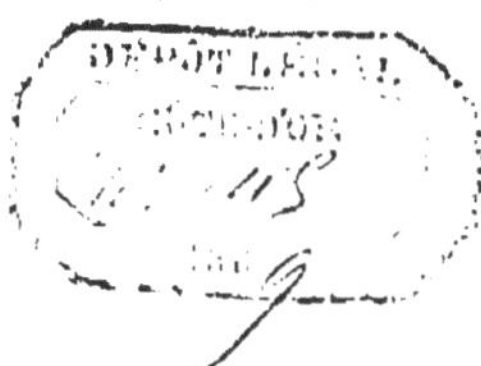

LE

PORTULAN DE MALARTIC

PAR

PAUL GAFFAREL

LE

PORTULAN DE MALARTIC

PAR

PAUL GAFFAREL

1*

*(Extrait des Mémoires de la Société Bourguignonne
de Géographie et d'Histoire.)*

M. le comte de Malartic, de Dijon, possède dans sa bibliothèque un atlas, ou plutôt un portulan manuscrit, de treize feuilles coloriées, sur vélin, qui constitue, au moins pour quelques-unes de ses parties, un précieux monument géographique. Nous essaierons de le décrire, et de déterminer le nom de son auteur, ainsi que la date de sa composition.

I

Sur la première feuille sont figurées les armes du premier possesseur du portulan, d'or à la couleuvre virée d'azur. Ces armes ne nous ont pas donné d'indication suffisante. L'origine italienne du portulan pourrait faire penser aux Visconti, mais ceux-ci portent dans leur blason une guivre, c'est-à-dire un serpent, dévorant à demi un enfant, élément héraldique qui ne se rencontre pas ici. D'ailleurs, sans parler de l'ancienne famille ducale, dont quelques membres vivaient encore dans la première moitié du XVIe siècle, bien d'autres Visconti se sont greffés sur le tronc commun, les Aliprandi, Cambiago, Arconati, Guidoboni, Aragona, Brignano, Litta-Arese, Castelbarco-Simonetta, Sforza-Doria, Sforza-Zinzendorf, Brebbia, Morone, Macaruffi, Borromeo, Bossi, Crivelli, etc. Tous portent une couleuvre dans leurs armes, et il serait à peu près impossible de nous décider pour l'une ou pour l'autre de ces branches.

Nous avons également supposé que l'écusson avait été rapporté et en remplaçait un autre plus ancien. Dans ce cas l'attribution à Colbert serait admissible, puisqu'il portait dans ses armes une couleuvre virée d'azur, mais tous les livres ayant fait partie de sa bibliothèque sont timbrés de ses armes sur les plats, et l'absence de cet ornement sur la reliure du portulan est une objection sérieuse. En outre nous n'avons trouvé aucune trace de surcharge ou de grattage, et le style du dessin est identique dans les autres sujets du portulan.

Ne vaut-il pas mieux avouer notre ignorance et reconnaître que nous n'avons pas retrouvé le nom du premier possesseur du portulan?

Sur un des côtés de la seconde feuille sont dressées des tables de déclinaison, et sur le deuxième côté un astrolabe. On remarque, au centre de cet astrolabe, un globe terrestre avec l'Europe, l'Afrique, une partie de l'Amérique, et, au pôle sud, un immense continent.

Le même continent méridional se retrouve au centre de la troisième feuille, où sont indiqués, autour de la terre, tous les signes du zodiaque, avec les mois et les planètes, conformément au système cosmographique encore en usage à l'époque où fut composé l'atlas, c'est-à-dire au système de Ptolémée.

Ces trois premières feuilles sont dessinées et

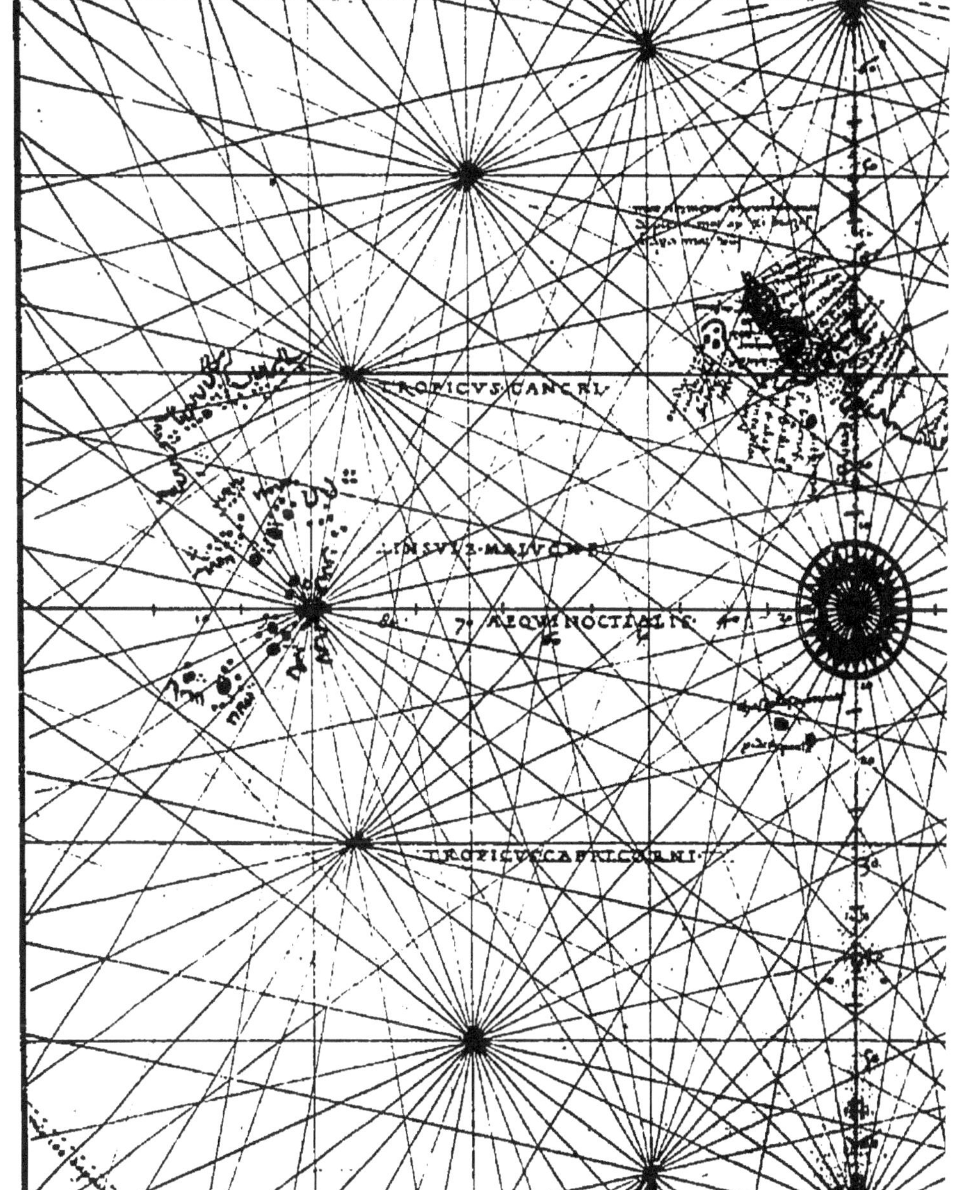
TROPICVS CANCRI
AEQVINOCTIALIS
TROPICVS CAPRICORNI

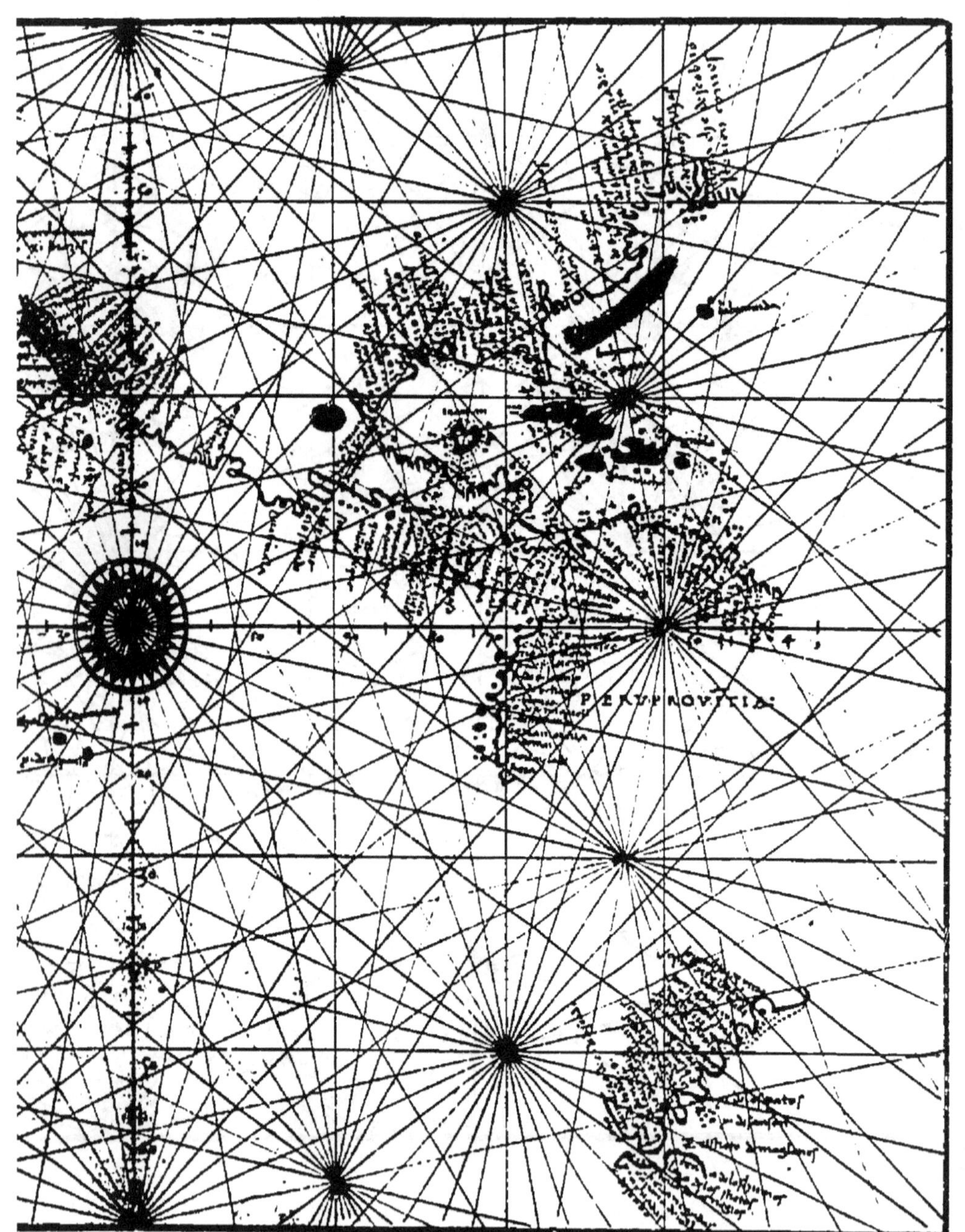

enluminées avec un soin extrême. Les signes du zodiaque sont même représentés avec un véritable talent. On dirait des miniatures exécutées dans le style de la Renaissance par un habile artiste. L'atlas, en effet, fut composé à cette époque, et, comme nous espérons pouvoir le démontrer, par un cartographe qui a laissé de vrais chefs-d'œuvre dont on peut encore admirer quelques-uns à Paris, à Londres, à Vienne, à Venise, à Dresde, à Montpellier, à Munich et à Madrid.

La première des cartes est de beaucoup la plus intéressante, car elle nous permettra de déterminer la date approximative de la composition de l'atlas. Elle est consacrée à l'Amérique et à l'Océan Pacifique.

Dans l'Amérique du Nord sont indiquées, du côté de l'Atlantique, une partie du littoral des Etats-Unis, et, du côté du Pacifique, seulement la Californie avec la mer Vermeille. L'Amérique centrale est dessinée avec assez d'exactitude, sauf pour le Yucatan marqué comme une île. Quant à l'Amérique méridionale, les côtes de la Colombie, du Pérou et de la Patagonie figurent seules ;mais le détroit de Magellan avec les terres adjacentes sont énumérés avec exactitude, et dans l'immensité du Pacifique, on ne remarque que des ilots épars et les iles Moluques. Voici du reste tous les noms que nous avons relevés :

LITTORAL DE L'ATLANTIQUE

CÔTE DES ÉTATS-UNIS

Terra che descobrio Steven Gomes.
C. de Muchas ilhas.
Montanas.
San Zuan Baptista.
Rio de Buena Madre.
Montana Verdi.
B. de San Antonio.
B. de X. Ponall.
C. de S. Maria.
Rio de S. Zuan.
Ailon.
Terra do los deseados.
Aguarda.
La Florida.
Rio de la Place,
Rio de S. Juan.
Rio de Neues.
P. Lana.
Ancones.
Montas.
Mar Pequegno.
Rio de S. Spirit.
C. de Croxe.
P. de Arezifes.
Rio de Loro.
La Madalena.
Los Pannas.
R. d. m. altos.
Rio Elmoso.

AMÉRIQUE CENTRALE

C. Anati.
Rio Panuco.
Panuco.
Loaton.
Y de Lobos.
Rio de Almo.
Rio de S. Paulo.
C. de Gracia Deo.
Nôbre de Dio.

COLOMBIE

Darien.
Uraba.
Cartagena.
Aldea grande.
Coro.
C. D. S. Roman.
Iguerato.
Banazi.
Apanza.

LES GUYANES

Furna.	P. Baxa.
Anegade.	Arecifes.
Rio Salado.	Rio Salado.
Rio Boles.	Rio Baxo.

PATAGONIE

Terra de los Humos.	Banco de Nort. (?)
Baxos Anegados.	C. de Todos S.
Terra Baxa.	Arcipelago de deseadi.
Barras Blancas.	Y de los Patos.
Tres Puntas.	Y de Sauson.
Arefice de Lobos.	El Streto de Maglanes.
C. de S. Domingo.	Terra de los Humos.
Terra de Mazo.	Lago de los Stretos.
C. Blanco.	Terra de los Negros.
B. de los Trabaios.	Sierra uegada.
Terra de la Baxas.	La Passa D. Rold. (?)
Rio de S. Julian.	Y Novadas.
Rio de la Croxe.	C. Deseado.
B. de la Vitoria.	

MER DES ANTILLES

La Bermuda.	Giamaicha.
Cigateo.	Cuba.
Bahama.	Yucatan.
Spagnola.	

LITTORAL DU PACIFIQUE

PÉROU

Siera.	P. de Maz.
Provincia.	Sierra Morena.

C. de Sta Maria.
Rio de S. Miquell.
C. Blanco.
Y de S. Tiago.
P. D. S. Lorenzo.
Id.
Rio de S. Elena.
C. D. S. Francesco.
G. D. S. Mateo.
C. D. S. Nicolas.
S. Stevan.
C. de Afrita.

AMÉRIQUE CENTRALE

G. de S. Miquell.
Panama.
Y de Guerra.
Y de Gatos.
Y de Canon.
C. Desirato.
Nicargua.
C. Elmoso.
Costo Fregoso.
Las Puercas.
Rio Greco.
Cap Anta de Pico.
Mot illisible.
Sierra de Gilgo Calex.
Locomisco.
Tequantepaque.
Cacatola.
Quagotan.
Colutepeque.
Serata.
Rio Ferrado.
Guatimala.

CALIFORNIE

Guatuzco.
Tutatipez.
Acapulco.
Aguatanco
Cacatula.
Coguata.
Vaderas.
Y Alisco.
Chiamocla.
Quarazuell.
S. Piezo.
S. Pablo.
B. D S. Cruz.
Rio Albosedo.
S. Francesco.
Puerto S.
P. Tabursa.
P. Blanca.
S. Cristovall.
Pa Sco di Do. (?)
B. de los Canoas.
Santiago.
S. Thomas.
Pa Balenas.
Deux mots illisibles
Punta de las Ancoras.
Baxos.
Y Chrestes.

Y Pazo.
Los Cazones.
Punto Algano.

Mar Vermeio che en la mar de
Plena Mar ay XI Brazas,
Baxa Mar VIII.

PACIFIQUE

Ilhas de los trilarones.
Y de S. Paulo.

Insule Maluche.

La seconde carte est une sorte de planisphère comprenant l'Amérique, l'Afrique, l'Europe méridionale et centrale et l'Asie antérieure. Comme exécution matérielle, elle est fort soignée. Comme indication géographique elle est très curieuse à étudier en détail surtout pour la partie américaine et africaine. Aussi bien voici les noms que nous avons relevés.

Le Dominion actuel est indiqué sous la dénomination qui lui a longtemps appartenu de Terra de Bacalaos, ou Terre des Morues. Sur la côte figurent Y. de la Fortuna, S. Piero, Ya del Fogo, Ya de la Sanes, C. de Bacalaos, C. de las Penas, C. Raso, Terra de los Bertones. Au nord de l'Y de la Fortuna est dessiné le large estuaire d'un fleuve parsemé d'îles, qui paraît correspondre au Saint-Laurent. La grande île de Terre-Neuve n'est pas indiquée, mais au large sont dessinées quelques-unes de ces îles fantastiques que les cartographes du moyen âge aimaient à faire figurer sur leurs cartes ; Y. Verde, Y. las Maidas, Y. Braziv. Tout près de la côte est indiquée l'Y. de Zuan Stevens.

Sur la côte actuelle des Etats-Unis jusqu'à l'extrémité méridionale de la Floride, on trouve les noms suivants : Golfi de Laverta, Terra che descubrio Stevens Gomes, C. de Muchas ilhas, et toutes les dénominations de la carte précédente. Au large est marquée la Bermuda et un grand banc d'ilots ou d'écueils. Mêmes dénominations que sur la carte précédente pour les côtes du golfe du Mexique, les Antilles et le littoral Colombien et Guyanais jusqu'au Rio Baxo. Il est évident que le dessinateur s'est contenté de reproduire un modèle déjà exéc[illegible]. Nous ne pouvons constater qu'une seule différence. Dans l'intérieur des terres figure une grande ville : Timistitan vel Mesicho.

Depuis le Rio Baxo jusqu'au cap de San Antonio, c'est-à-dire depuis la Guyane jusqu'à l'embouchure de la Plata et sur le littoral du Brésil actuel nous lisons :

Rio de la Volta.
Aldea.
Furna Grande.
Costa de Lazas.
Albalodo.
Rio de Pasqua.
Costa de Patienza.
C. de la Est.
Furna.
C. Plazelada.
B. Ermosa.
Plaza de Plaze.
C. de San Roque.
Pernanbuco.
C. de San Agostin.
P. Real.
B. de Todos S.
Rio de los Colmos.
Rio de Brazill.
Rio de las Gostras.
Bayas de los Pargos.
Sierra de S. Lucia.

Rio.
Rio.
Rio del Estremo.
P. de S. Sebastian.
Rio de la Canonica.
Rio de S. Francesco.
C. de los Patos.
Rio de los Negros.
C. S. Maria.
Rio de la Plata.

Dans l'intérieur du continent serpente un large fleuve qui prend sa source dans une magnifique forêt; au large sont jetées quelques îles :

Fernando Larogna.
Acension.
A Trinidade.
Y que achon Martin Vaz.
S. M. d'Agosto.

A partir de l'embouchure de la Plata et jusqu'au débouché du détroit de Magellan dans le Pacifique, à l'exception des trois désignations de C. de San Antonio, Plaia de S. Elena et Arenas Gordas, le cartographe a reproduit le dessin et les noms de la carte précédente. Même lacune pour les côtes Chiliennes. Le cartographe a reproduit les mêmes noms pour le Pérou, et l'Amérique centrale, mais s'arrête brusquement au mot Guatémala, et ne donne aucune indication sur la Californie.

Il est vrai que, dans l'intérieur de l'Amérique du sud, il énumère les deux provinces de Peru et Colao, dessine une chaîne de montagnes toutes dorées et écrit en lettres majuscules Mundus Novus.

Entre l'Amérique et l'Afrique sont indiquées

de nombreuses îles. Voici d'abord les Açores que le cartographe anonyme nomme insule Solis, et qu'il énumère dans l'ordre suivant de l'ouest à l'est :

Corvo.	S. Zorzy.
Flores.	A. Tercera.
Faial.	S. Miquel.
Pico.	S. Maria.
Gracioza.	

On aura remarqué cette dénomination d'îles du Soleil. Nous ne l'avons retrouvée nulle part ailleurs. Les Açores ont été ainsi nommées à cause des butors, azores en Portugais, qu'y trouvèrent les premiers explorateurs. On les a aussi désignées sous le nom d'îles Flamandes, à cause des colons Flamands qu'y envoya la sœur d'Edouard de Portugal, Isabelle de Bourgogne, la femme de Philippe le Bon. Les Anglais les ont parfois nommées Western Islands, car ce sont les plus occidentales de l'ancien monde. Enfin on les a aussi nommées, à cause de l'une d'entre elles, les îles Terceiras, mais cette dénomination d'îles du Soleil est inusitée. Elle n'en est que plus curieuse à signaler.

Viennent ensuite les insulæ Capitis Viridis.

S. Anton.	Blanca.
S. Vincente.	S. Tiago.
S. Lucia.	Y de Mayaes.
S. Nicolo.	Bonavista.
Fogo.	Y del Sal.

— —

On ne compte que deux Canaries : O Ferro et Palma, et, bien que l'archipel de Madère soit dessiné, le nom seul de Madera est indiqué.

C'est à l'Afrique que l'auteur de l'atlas semble avoir réservé sa prédilection. Elle est en effet dessinée avec le plus grand soin, et, sauf une extension trop considérable à l'ouest et une largeur exagérée de l'isthme de Suez, à peu près dans sa forme réelle. Aussi importe-t-il de relever tous les noms inscrits. Voici ceux du littoral de la Méditerranée :

Cairo.
Alesadria.
Luche.
Bonandrea.
Berniche.
Zeuce.
Tpoli.
Zerbi.
Tunis.
Bona.
Zizari.
Bugia.
Alger.
Tenes.
Oran.
One.
Bedis.

Sur les côtes de l'Atlantique jusqu'à l'Equateur sont énumérés :

Arzila.
Salle.
Soucia.
Azamor.
C. de Cantin.
Safi.
Mogador.
Meza.
C. de Gilon.
Mar Pequegno.
C. de Bina d'or.
G. Azumos.
G. dos Cavalos.
Rio d'oro.
G. de Gonzalo.
C. das Barbas.

C. Blanco.
Arguin.
Rio de S. Joan.
C. d'Arca.
Rio de Senega.
C. Verde.
Rio de Gambio.
C. Rosso.
Gimensa.
Rio de Somo.
C. Sagres.
Sierra Leona.
Cabales.
Ardjunca. (?)
Rio de Zamo.
Rio de Zenones.
Alagoa.
C. S. Demetre.
P. D. Canalo.
Rio das puntas.
Rio das Barolas.
Rio Dannico.
Rio de Mezo.
C. de Tres Pontas.

C. de S. Joan Lammina.
Scopelo.
Rio da Volta.
C. Doraposo.
Rio D. S. Paulo.
Flandra.
Rio Delgado.
Aldea de Palma.
C. Primeiro.
Rio dos Soldados.
C. Hermoso.
Rio Call. (?)
Rio de Los S.
G. del Zaï.
Sierra de Fernandopo.
El Camazor.
Rio doz Amaro.
G. del Gallo.
C. de Ness.
Ferra.
Rio de Corisco.
C. da Festos.
Rio dom Deo.

Depuis l'équateur jusqu'au cap de Bonne-Espérance, et sans oublier les îles Fernandopo, do Principe, S. Thomas et Anabon, nous trouvons sur le littoral :

C. de Lopos salvo.
C. Primeiro.
Rio de Fernancloso.
G. d'Alvaro.
Sierra de S. Spirito.

Plaia do Emperador.
Rio de Manig.
Padron.
Maniggo.
C. do Padron.

— —

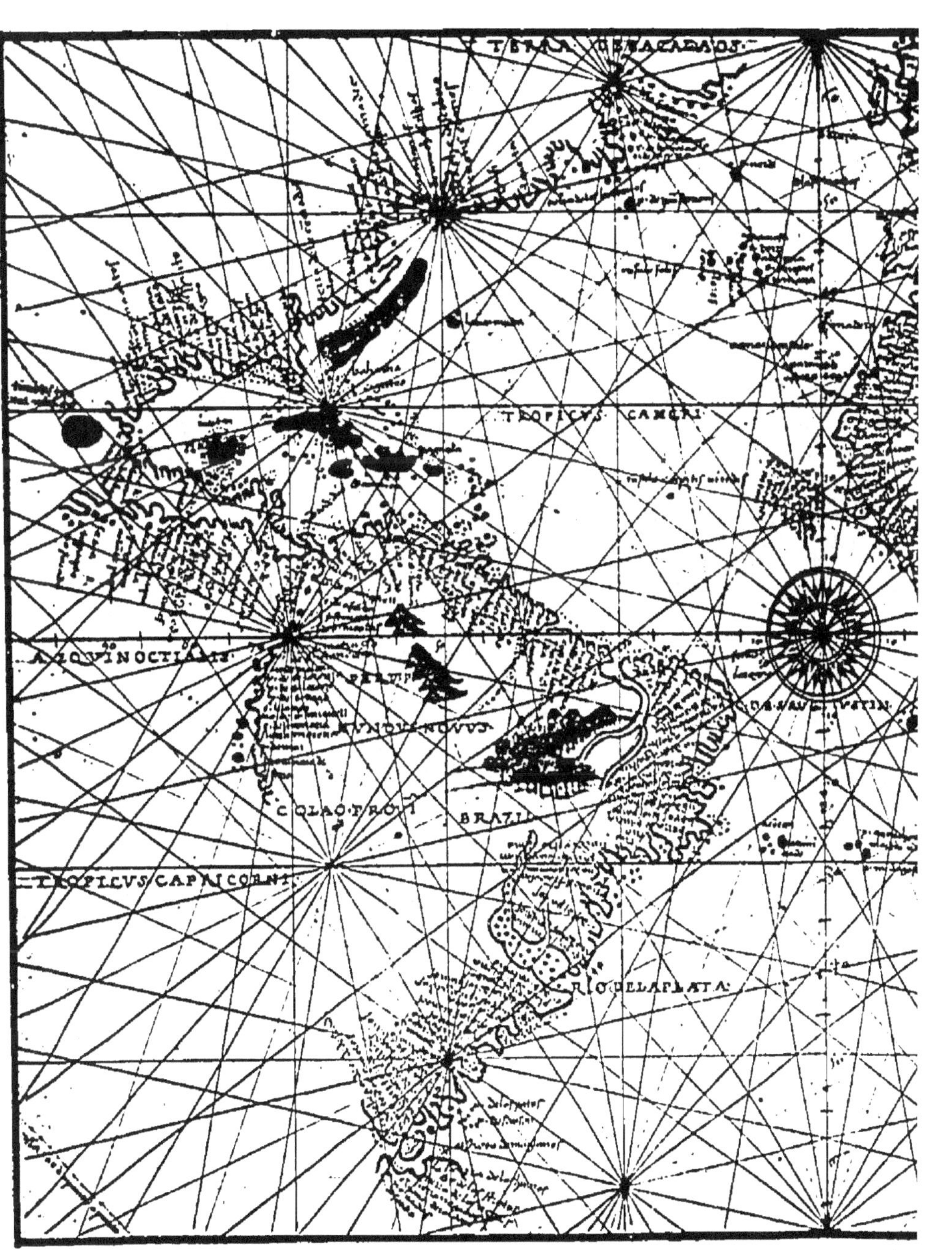
TROPICVS CANCRI
MVNDVS NOVVS
BRAZIL
TROPICVS CAPRICORNI
RIO DELA PLATA

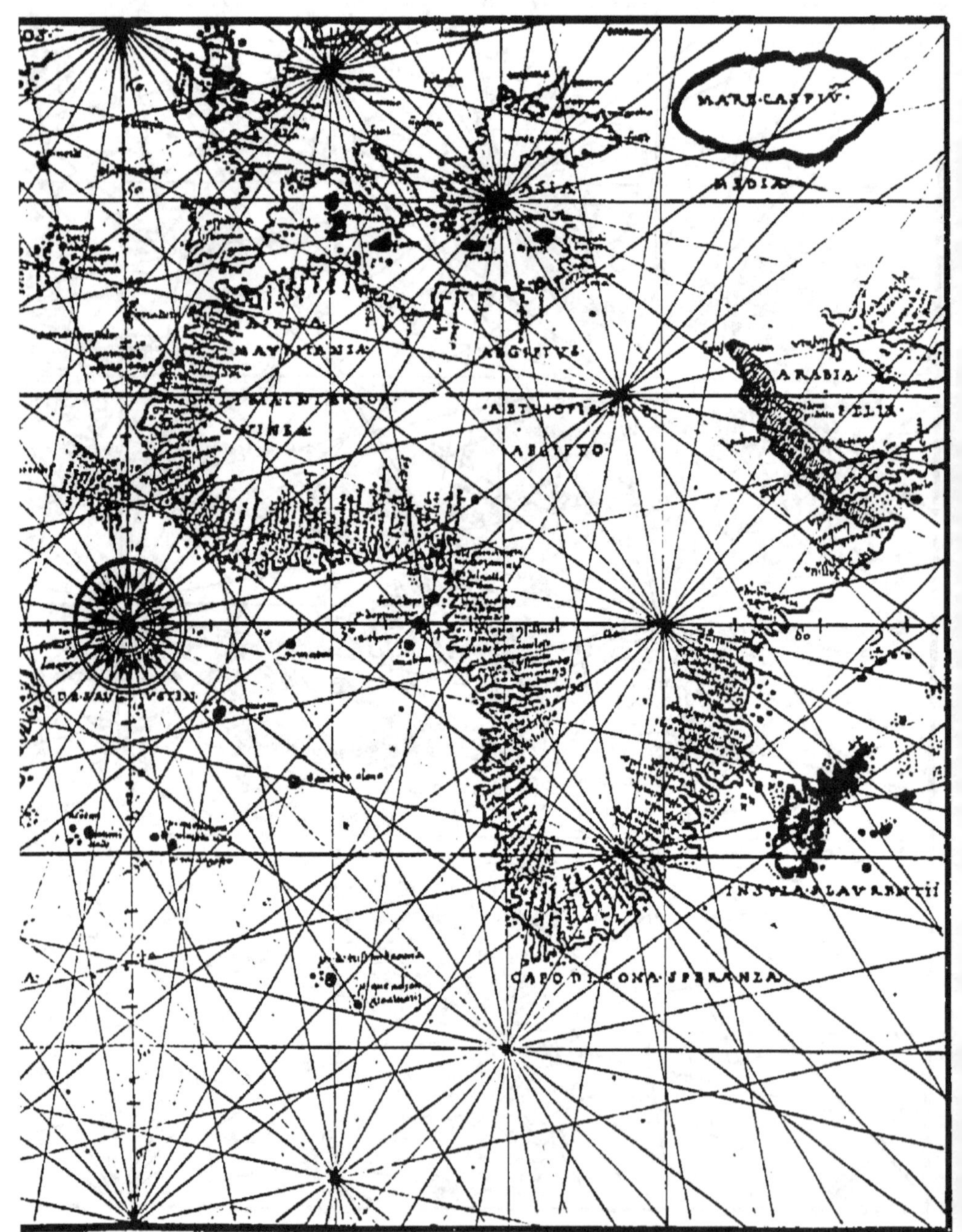
MARE·CASPIU
MEDIA
ASIA
AEGIPTUS
MAURITANIA
ARABIA
FELIX
GUINEA
CAPO DI BONA SPERANZA

Rio Damado.
C. Ledo.
Rio de S. Lazaro.
G. D. S.
Angla de Belicos.
C. Negro.
Plaia Baxa.
Os Madaos.
C. de Mugeres.
C. Frio.
P. de Neues.
Plaia.
C. de Neues.
P. de Leo.
G. Pequegna.
G. de Santa Elena.
C. de Bona Speranza.

Les côtes de l'Océan Indien, depuis le cap de Bonne-Espérance jusqu'à Suez, sont étudiées avec moins de soin. Il est évident que le cartographe n'avait à sa disposition que des renseignements encore incomplets, et que les navigateurs n'avaient encore fait sur cette partie du littoral africain que des reconnaissances rapides.

Voici les noms que nous avons relevés :

C. Domini Santi.
Aguida.
C. Salado.
B. Daraqua.
P. das Caroscas.
C. Primero.
Terra de Natal.
C. de Natal.
Punte da Po.
Rio daq de Curo.
P. D. S. Maria.
Rio de Lagoa.
Mot illisible.
Agoad Boupa (?).
C. de Coronas.
C. D. S. Maria.
Zafallo.
Costa Direita.
Rio de Bansignale.
Padron.
C. das Pontos.
Rio d'Angosta.
C. de S. Maria.
Mouson Bichi.
Rio de S. Antonio.
Rio Reito.
Rio d. Sengo.
Quiloa.
G. Falso.
Os tres Germanos.

C. D. S. Rafall.	Zarzilla.
Monbacha.	C. de Guarfoui.
Butuapa.	Barbora.
Melinde.	Zeila.
Pati.	Deialos.
Umbo.	Craque.
Brada.	Suez.
Madagoxo.	

Au large est indiquée la grande insula S. Laurentii, tout entourée d'ilots et d'écueils.

En Asie l'Arabia Felix et le golfe Persique présentent les noms de :

Attoz.	Azequi.
Zidem.	Castelo.
P. Dam.	Basora.
P. d. S. Tiago.	Rio de Machu.
Camaron.	Y. de Carchi.
Sana.	Quromedon.
Adeni.	C. de Cercan.
Bandallo.	Ber de Stam.
Dinfa.	

La troisième carte est consacrée à l'Afrique et à l'Asie méridionale : l'Australie n'est même pas indiquée, pas plus que Java. Sumatra seule figure sur la carte sous le nom de Taprobana insula. La partie vraiment intéressante est la partie relative à Madagascar, ou plutôt à l'insula S. Laurentii, et surtout aux archipels situés à l'est de la grande île, à ce que nous nommons de nos jours les Mascareignes et les Seychelles.

Voici les noms donnés par le cartographe anonyme à ces îles :

Y. de Johan de Lisboa Patron.	Banco de Patron.
S. Polonia.	A Galle.
Y. che descubrio Fraten Piloto.	A Breholo.
Y. de Nazaret.	VII Ilhas.

Nous ne savons quels furent ces découvreurs Portugais. Plusieurs des navigateurs Portugais de la fin du XVe siècle ou des premières années du XVIe siècle portent, en effet, le prénom de Joan. Il n'en est pas moins fort intéressant de constater que les archipels, qui nous ont plus tard appartenus, et dont nous possédons encore une partie, étaient si bien connus longtemps avant que n'y fût déployé le pavillon national.

Nous remarquerons en outre, à l'extrémité orientale, le Camboia, le Rio de Canton dans la China, et, au sud-ouest de l'Afrique, l'Y. de Tristan Dacuna et l'Y. que acho Gro Alvarez.

Sur la quatrième carte figurent les îles Britanniques, la France, l'Europe centrale, la Baltique, le nord de l'Espagne et de l'Italie, l'Adriatique et une partie de la péninsule des Balkans. On remarquera que Berlin n'est pas indiqué. Les deux villes de la Sprée, Berlin et Köln étaient pourtant déjà réunies, et Berlin avait pris le premier rang parmi les villes de

Brandebourg, mais le cartographe ne soupçonnait pas l'importance de la future capitale. Il s'était contenté de marquer Franckfordia sur l'Oder et Madeburgii sur l'Elbe.

L'Espagne, l'Algérie, le Maroc, Madère et les Canaries sont seuls représentés sur la cinquième carte. Les villes espagnoles, y compris Perpigna, sont dessinées avec leurs tours et leurs clochers dorés. De même dans l'intérieur du continent africain, Tremsen, Feza et Marochus. Une Medjerdah gigantesque, sous le nom de Bagradas, prend sa source très au sud, dans une énorme montagne qui se prolonge jusqu'à l'Océan. Deux royaumes indigènes, le regnum Tremisense et le regnum Fessense figurent seuls sur la carte.

Le bassin antérieur de la Méditerranée, c'est-à-dire une partie des côtes d'Italie, de France, d'Espagne, du Maroc, de l'Algérie et de la Tunisie, avec toutes les îles jetées entre la pointe occidentale de la Sicile et le détroit de Gibraltar, sont dessinés dans la sixième carte. Elle présente pour nous un intérêt particulier à cause de la Tunisie et de l'Algérie, dont le littoral a été étudié avec un soin extrême. Voici les noms que nous avons relevés sur la côte Tunisienne :

Porteli.	Murato.
Scala de Zio.	Çasalnaa.
Y de Zerbi.	Capis.

— —

Casal zomal.
Y. de Frixolis.
Fachp.
Casalzeto.
Casal Maamet.
Casal Pignatall.
C. Pulla.
Scarlata.
Africa.
Anme.
Monesteri.
Susso.
Maometa.
Gabia.
C. Bon.
Nubia.
Coleta.
G. de Tunis.
Tunis.
C. de Cartagina.
Ras al Giberi.
P. Farina.
Guardianochia.
Biserti.
Guardia de Biserti.
Duo Sorele.
C. Ras Anusal.
Tamaclati.
Tabarcha.

Au large on distingue un certain nombre d'îles :

Meleza.
Chercare.
Obeito.
Scala.
Lampedosa.
Comiguere.
Pantalaria.
Cinbano.
Restantin.
Gameleia.
Cani.
Chirbo.
Gallata.

Sur notre littoral algérien figurent depuis l'île Tabarcha :

Mazacaresse.
C. de Rosa.
G. de Bona.
Bona.
Mahra.
P. Entrecuz.
Pa. de Larabo.
C. Ferro.
P. Antena.
Stora.
Telizem.
Alcolo.

Giberamell.	Haoras.
Marsaito.	*Mot illisible.*
Zizari.	Tenes.
Y. di Cavalli.	Y de Columbis.
F. de la Balasia.	C. Nigeli.
Gien.	Tadra.
Mansuria.	Silefo.
G. de Buzia.	Mastecani.
Buzia.	Masagran.
Y de Pisan.	Tigismach.
Carbon.	Arzeu.
Zafon.	C. Ferro.
Garbello.	Oran.
Tidellis.	Mazachibis.
Berengereto.	Falq.
Merollo.	Argoceba.
C. Metiffus.	C. Figallo.
Meusoz.	Fezen.
Alger.	C. de Fezen.
Caxine.	Y. de Lumaces.
Biseo.	Gurdona.
Mozon.	One.
C. de Batall.	Goardia.
Cercelli.	Tegansi,
Marsolach.	Tabari.
Brisch.	Millonia.

Nous mentionnerons également, à titre de curiosité, les noms indiqués sur notre littoral méditerranéen depuis Monaco jusqu'au cap de Croxa. Il sera facile de retrouver les dénominations actuelles:

Nisa.	S. Margarita.
Staso ou Vadd. (?)	Niguoneto (?)

Agoay (Aguay).
S. Rafaelli.
G. de Frezuz.
Frezuz.
C. Lardez.
Berganson.
Eres (Hyères).
Casa Bosaco (?).
Toron (Toulon).
C. Cerceli (Sicié).
Bendorm (Bandols ?).
Aquile (Bec de l'Aigle).
Polmill (Portmiou près Cassis).
Marseglia.
Carris (C[illegible]ry).
C. de Col [illegible] Cap Couronne.)
Martega ([illegible]artigue).

Bocari (Boca Rhodani.)
Odor (?)
Arle.
Aquemortu.
Monpelier.
Lates (Lattes près Montpellier).
Magalona.
Mon de Seta (Cette).
Ada (Agde).
Serignan.
Sampez (?).
Narbona.
Leocata.
Salses.
Canet.
Coliure.
Porven (Port-Vendres).

De la côte dépendent encore quelques îles, Bonomo, P. Croso (Portcros), Inbaldui et une Secha de Matelo, qui paraissent correspondre à notre archipel des îles d'Hyères.

La septième carte représente toute l'Italie avec les grandes îles de Corse, de Sardaigne et de Sicile, la Dalmatie, l'Albanie, et le littoral Tunisien et Tripolitain. La partie la mieux étudiée est la côte de Dalmatie et d'Albanie, avec toutes les îles qui en dépendent.

La huitième et la neuvième cartes continuent les deux précédentes. Elles sont consacrées, la huitième au bassin postérieur de la Méditerranée, c'est-à-dire à la presqu'île des Balkans, à l'Asie mineure, à la Syrie, à l'Egypte et à la Tripolitaine, et la neuvième à la mer Noire. Il est évident que le cartographe, en donnant avec tant de détails tout le bassin méditerranéen, avait voulu se rendre utile au négociant ou à l'amateur pour lequel il travaillait. Dans ces deux cartes ce sont les îles de la mer Egée et la presqu'île de Crimée qui ont été étudiées avec le plus grand soin, car le cartographe était Gènois, comme nous le démontrerons bientôt, et c'est surtout dans la Méditerranée orientale et la mer Noire que s'exerçait l'activité commerciale de ses compatriotes.

La dixième et dernière carte est, en quelque sorte, un résumé de l'œuvre entière. C'est une mappemonde ou plutôt un planisphère qui figure le monde alors connu. En Europe la frontière septentrionale n'est pas marquée. La Gothia et la Norwegia s'étendent sur la carte, allongées vers le nord-ouest, mais elles se terminent brusquement par une Terra-Nova, et rien ne permet de supposer que le cartographe connût l'existence de l'Océan glacial Arctique qui baigne les côtes septentrionales de l'Europe.

Même observation pour l'Asie qui se termine au nord par la Serica et la Cataia provincia. L'Asie allonge très au sud, presque sous le même paralèle que les trois péninsules d'Indo-Chine, d'Hindoustan et d'Arabie, une immense terre, la Chine, que continue encore la Catigaia civitas ou Japon. L'Afrique est très complète. On y remarque un grand fleuve Nilus qui prend sa source dans deux lacs près des monts de la Lune et se relie par un lacis intérieur à un autre grand fleuve, le Manicongo.

L'Océanie n'est représentée que par l'insula Taprobana, autrement dit Sumatra, au sud-ouest de Malacha, et par l'archipel des Maluche, mais l'indication de la route à suivre de l'Europe à ces îles, en longeant à l'aller les côtes américaines et le Strete de Maglanes, et en doublant au retour le continent africain est soigneusement notée, et à deux reprises : El Mazo por andar alle Maluche ; el tornar da le Maluche. Quant à l'Amérique, le littoral de l'Atlantique depuis la Terra de Bacalaos jusqu'au Streto de Maglanes est bien dessiné, mais on n'a indiqué sur le littoral du Pacifique que les côtes de Patagonie, du Pérou, de l'Amérique centrale et du Mexique jusqu'à l'extrémité de la mer Vermeille. Rien pour les côtes de la Colombie Britannique, de l'Alaska, ni pour les terres polaires. La route d'Espagne au Pérou par les Antilles, Nombre de Dios et Panama est indiquée. On remarquera dans l'intérieur du continent les villes Péruviennes de Casamalcha, Cuzcho, Hansa, Tombés et Pachuana. A l'extrémité sud et au delà du détroit de Magellan est figurée une grande terre sans limites fixes à son extrémité méridionale.

Signalons enfin, encastrée dans le maroquin qui sert de couverture à l'atlas, une petite boussole, au milieu d'une rose des vents, mais l'instrument est désorienté.

Tel est, dans son ensemble, le bel atlas, dont il nous reste à rechercher l'auteur et à déterminer la date.

II

Le cartographe dont nous venons d'étudier l'œuvre ne l'a pas signée, et, comme, dans sa nomenclature, il a singulièrement mélangé l'espagnol, le portugais, l'italien, le latin même, nous serions fort embarrassés de lui assigner une nationalité, si la comparaison avec d'autres atlas ne nous permettait d'affirmer qu'il était Génois et se nommait Baptista Agnese.

Il existe en effet, soit dans les dépôts publics, soit dans les collections particulières, un certain nombre de portulans signés par Agnese et datés de 1536, 1543, 1544, 1545, 1553, 1554, 1555, 1559 et 1564. Ceux de 1536 appartiennent au Bristish Museum et à la bibliothèque Bodleyenne d'Oxford; ceux de 1543 au duc de Saxe-Cobourg Gotha et à la bibliothèque nationale de Paris; celui de 1544 se trouve à la bibliothèque royale de Dresde, ceux de 1545, de 1554 et de 1564, à laMarciana de Venise; celui de 1553 fait partie de la collection de M. le comte Dona à Venise; celui de 1555 est mentionné dans le catalogue des cartes géographiques de la bibliothèque du prince Labanoff publié à Paris en 1823. M. Perez Junquera de Madrid possède le portulan de 1559 et le British Museum un de ceux de 1564.

Il en existe encore d'anonymes, à la Bibliothèque de la Faculté de médecine de Montpellier, à la bibliothèque nationale de Paris, dans la collection Spitzer, dans la bibliothèque de M. Edmond de Rotschild, à la bibliothèque royale de Dresde, à la bibliothèque ducale de Volfenbuttel, et à la bibliothèque royale de Munich, mais dont la main-d'œuvre, les dimensions et la calligraphie ressemblent si complètement aux portulans signés qu'on ne peut les attribuer qu'à Agnese.

L'atlas de M. le comte de Malartic appartient à cette seconde catégorie, mais, signés ou anonymes, tous ces portulans sont identiques. Ils se composent, ainsi que le nôtre, de douze à quinze feuilles de vélin dont le recto et le verso sont utilisés. La première page a d'ordinaire pour frontispice les armes du propriétaire, la seconde un zodiaque et la troisième un calendrier. Parfois ils contiennent une boussole sous verre dans l'épaisseur de la couverture. Le format des cartes pris dans l'intérieur des bordures dépasse rarement 25 et 17 centimètres. Le fini du travail, la richesse de l'enluminure semblent indiquer que ces portulans n'ont pas été dressés à l'usage des marins, mais que ce sont des atlas destinés à orner des bibliothèques de princes ou de riches amateurs. Or, nous retrouvons dans l'atlas de Malartic les principaux traits de ce signalement. C'est la même disposition des cartes, la même richesse d'ornementation, la même calligraphie. Les dimensions seules varient, car nos cartes ont toutes 29 centimètres de longueur et 19,5 de largeur. On y retrouve jusqu'aux armes du propriétaire, jusqu'à la petite boussole sous verre. Le doute n'est donc plus permis, et c'est à Baptista Agnese que nous devons attribuer la paternité de l'ouvrage.

Aussi bien un dernier détail enlève toutes les hésitations; les portulans que nous venons d'énumérer ont tous une mappemonde, de forme ovale, sur laquelle on distingue des routes, soit ponctuées, soit tracées en ruban pour aller d'Europe en Asie et en Amérique. Ce sont les itinéraires qu'il faut suivre soit pour aller aux Moluques ou à Nombre de Dios et au Pérou, soit pour en revenir. Or, la mappemonde de l'atlas de Malartic, de forme ovale comme celles que nous avons indiquées, contient plusieurs de ces routes. C'est donc à Baptista Agnese que nous avons le droit d'en attribuer la composition.

A quelle époque fut composé l'atlas de Malartic? C'est ce qu'il est plus difficile de déterminer : nous allons pourtant essayer de le faire.

III

Un examen superficiel de l'atlas nous avait tout d'abord fait croire qu'il avait été composé avant 1522, c'est-à-dire avant l'expulsion des chevaliers de Rhodes de l'île où ils s'étaient installés dès 1309, car Rhodes figure sur l'atlas avec la croix d'or sur fond de gueule, ce qui semblerait indiquer qu'elle appartient encore aux chevaliers; mais les Turcs l'ont prise aux chrétiens dès 1522, et, comme nous voyons figurer dans notre atlas des contrées qui ont été découvertes après 1522, il nous faut renoncer à cette date et reporter à plus tard l'époque de la composition.

Les îles éparses dans l'Atlantique nous amènent également à un résultat négatif. En effet, Tristan d'Acunha a été découverte en 1506, au moment où le navigateur, qui fut son parrain, s'était tellement avancé au sud, pour doubler le cap de Bonne-Espérance, que plusieurs de ses matelots moururent de froid. Sainte-Hélène avait été signalée, ainsi que l'Ascension, par le Galicien Juan de Nova, dès 1502 C'est en 1525, le 19 octobre, que le commandeur de Saint-Jean de Jérusalem, Garcia de Loaysa, trouva, en allant aux Moluques, l'Ile de Saint-Mathieu. Les Mascareignes ont été découvertes par le Portugais Mascarenhas en 1513, mais elles sont déjà indiquées sur l'atlas de Ruysch en 1508. Notre atlas a donc, dans tous les cas, été composé après 1525, puisque toutes les îles que nous venons d'énumérer, et dont la dernière découverte l'a été en 1525, y figurent.

La Chine est fort mal dessinée sur notre atlas. On n'y reconnaît que le nom de rivière de Canton. Or la première carte, ayant un caractère scientifique, de cette immense contrée de l'extrême Orient, date de 1584. Elle figure dans le Theatrum Orbis Terrarum d'Ortelius, qui en avait reçu les éléments de Ludovicus Georgius et du Père Ricci, lesquels avaient pénétré en Chine en 1581. Nous pouvons donc affirmer sans crainte d'être démenti que notre atlas a été composé avant 1581.

Ni l'Australie, ni les îles de la Sonde ne sont représentées. C'est en effet seulement dans la seconde moitié du XVIe siècle, que commencèrent à se répandre des notions encore bien confuses sur les découvertes Portugaises dans les mers de l'extrême Orient. Sans doute Java la Grande et Regis Patalis Terra figurent sur les mappemondes composées vers 1531 par notre compatriote Oronce Fine de Briançon ; sans doute sur un portulan italien de 1578, signalé par M. Major, est indiquée une grande terre, Meridional discoperte novamente, mais notre cartographe ne connaissait pas ces découvertes. Il les aurait autrement enregistrées avec soin. L'atlas a donc été composé avant que se fût répandu le bruit des récentes explorations, c'est-à-dire, pour mieux préciser par une date, avant 1570.

Nous n'hésiterons pas non plus à affirmer qu'il a été composé avant 1561, et voici pourquoi : C'est seulement en 1561 que le roi Philippe II abandonna Tolède et transporta à Madrid la capitale de ses états. Or non seulement Tolède est toujours représentée comme la seule capitale de l'Espagne, mais Madrid n'est même pas indiqué. Un changement aussi important n'aurait certes pas échappé, s'il l'avait connu, à l'auteur de l'atlas.

Nous ferons également remarquer que les côtes septentrionales de l'Europe, baignées par l'Océan glacial et par la mer Blanche, ne sont pas indiquées sur notre atlas. Or, le voyage d'exploration entrepris en 1553 par les Anglais Willoughby et Chancellor, voyage qui eut pour résultat de faire connaître la mer Blanche et la Russie septentrionale, eut un grand retentissement. L'auteur de notre atlas n'y fait même pas allusion. N'est-ce donc pas qu'il avait composé son œuvre avant 1553?

Entre 1525 et 1553 d'autres dates nous permettront de préciser davantage en resserrant encore le nombre des années. Notre illustre compatriote Jacques Cartier, Alphonse le Saintongeois, Roberval, et tous nos découvreurs du Canada firent leurs grands voyages de découverte de 1534 à 1544. Or, les terres entrevues par eux sont simplement désignées par notre cartographe, Terra de Bacalaos, ou Terra dos Bretones. Il n'avait donc pas entendu parler des voyages entrepris par nos compatriotes quand il composa son œuvre : son attention avait pourtant été portée dans cette direction, car il enregistre à deux reprises les découvertes faites dans ces parages par un certain Steven Gomes, qui n'est autre que le Portugais Estevam Gomez, envoyé par l'Espagne à la recherche du Cathay par le nord-ouest vers 1525, et qui navigua dans les parages de Terre-Neuve et près de l'embouchure du Saint-Laurent. Son voyage fit grand bruit, et les carto-

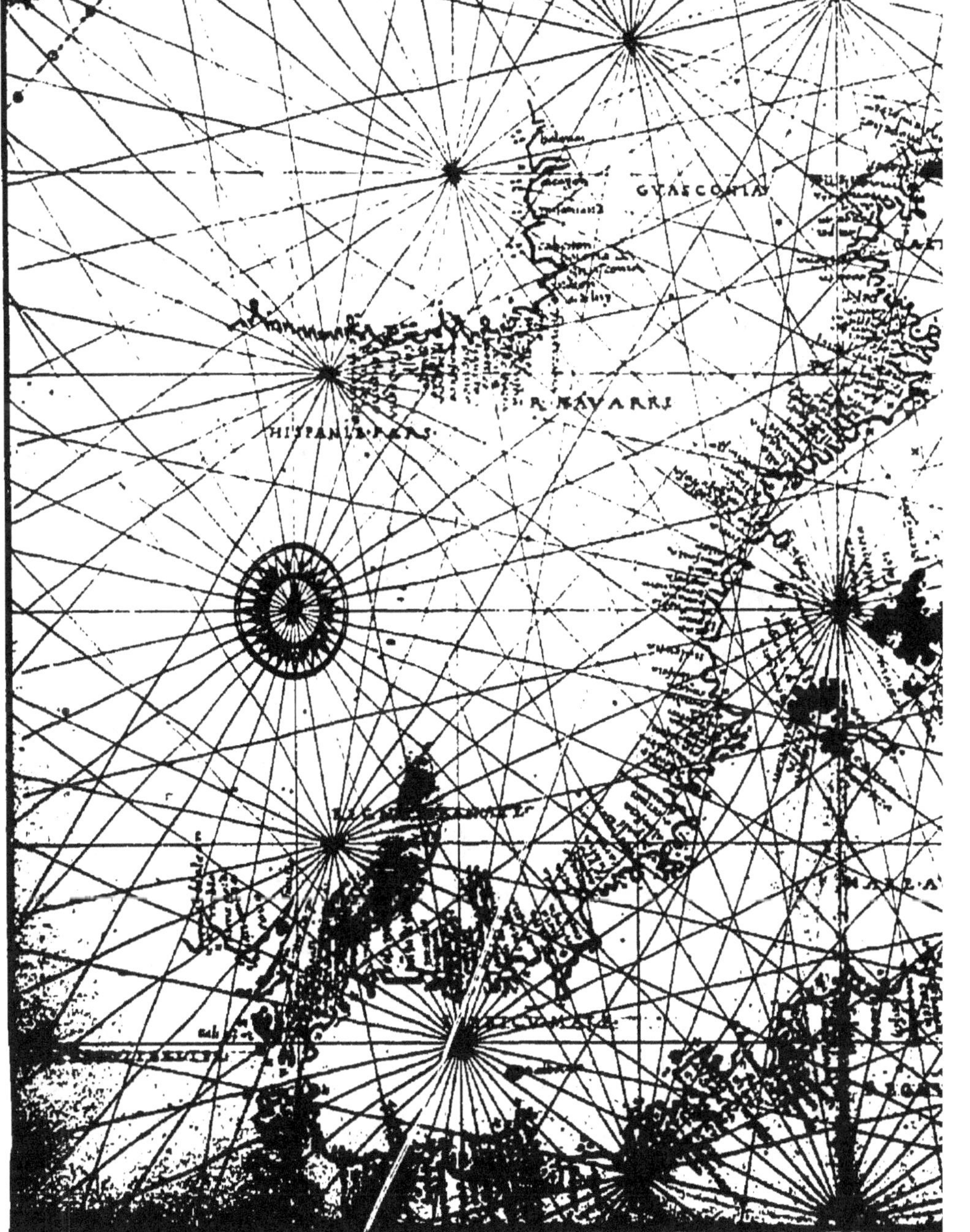
GVASCONIA
R. NAVARRE
HISPANIE PARS

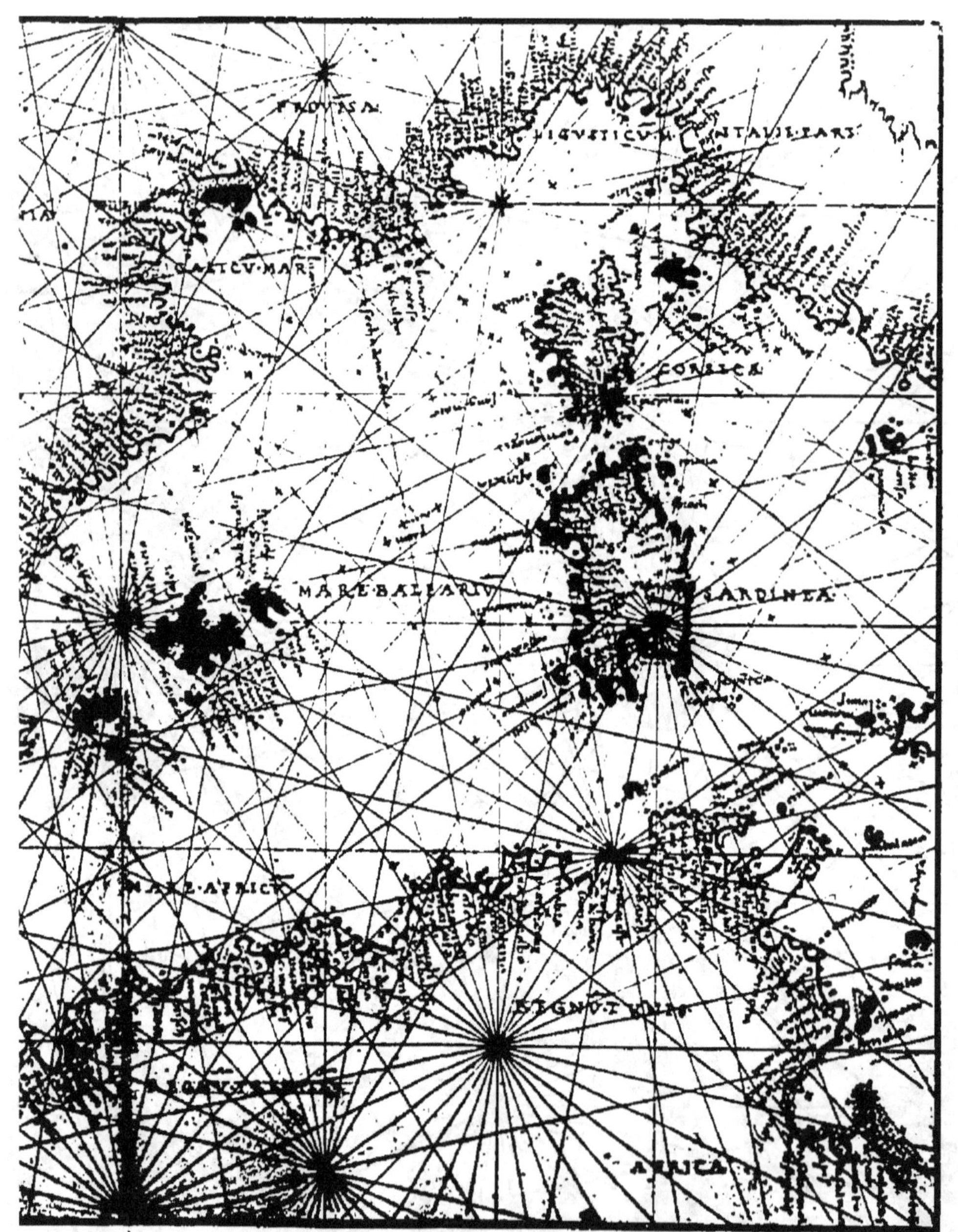
CORSICA
MARE·BALEARIV
SARDINEA
AFRICA

graphes d'alors empruntèrent à sa relation des renseignements, dont il est facile de retrouver l'écho dans leurs œuvres. Donc, pour prendre une date moyenne qui nous permettra de préciser davantage, l'atlas qui nous occupe a été composé avant 1540.

Il l'a été également avant 1539, époque à laquelle Fernando de Ulloa visitait les côtes de Californie au nord de la mer Vermeille et avant 1535, époque à laquelle Almagro pénétrait du Pérou dans la province Chilienne de Coquimbo, car ni les côtes de la Californie septentrionale, ni les côtes du Chili ne sont indiquées.

La même méthode nous permettra d'affirmer que l'atlas a été composé après 1533, puisque c'est de 1526 à 1533 que Pizare a conquis le Pérou, et que cette contrée est dessinée avec force détails sur notre atlas. D'un autre côté nous savons que Cortès visita la mer Vermeille la même année 1533, et le littoral de cette mer est indiqué avec le plus grand soin.

Nous voici donc resserrés entre les années 1534 et 1535, et c'est à l'une ou à l'autre de ces deux années que nous sommes conduits à fixer la date de la composition de notre atlas. Nous nous déciderions plus volontiers pour l'année 1534, puisque c'est le 18 janvier 1535 que Pizare fonda sous le nom de Ciudad de los Reyes la moderne capitale du Pérou, Lima, et que cette ville n'est pas marquée sur notre atlas, tandis qu'y figurent Cuzco, Tombès, et mainte autre localité célèbre dans l'histoire de la conquête.

En résumé l'atlas de Malartic a été composé par un cosmographe Génois, Baptista Agnese, et, très probablement, en 1534.

Dijon, imp. Darantiere.

www.ingramcontent.com/pod-product-compliance
Lightning Source LLC
LaVergne TN
LVHW011947230826
846091LV00006BB/2156

* 9 7 8 2 0 1 3 4 5 1 4 4 4 *